I0606300

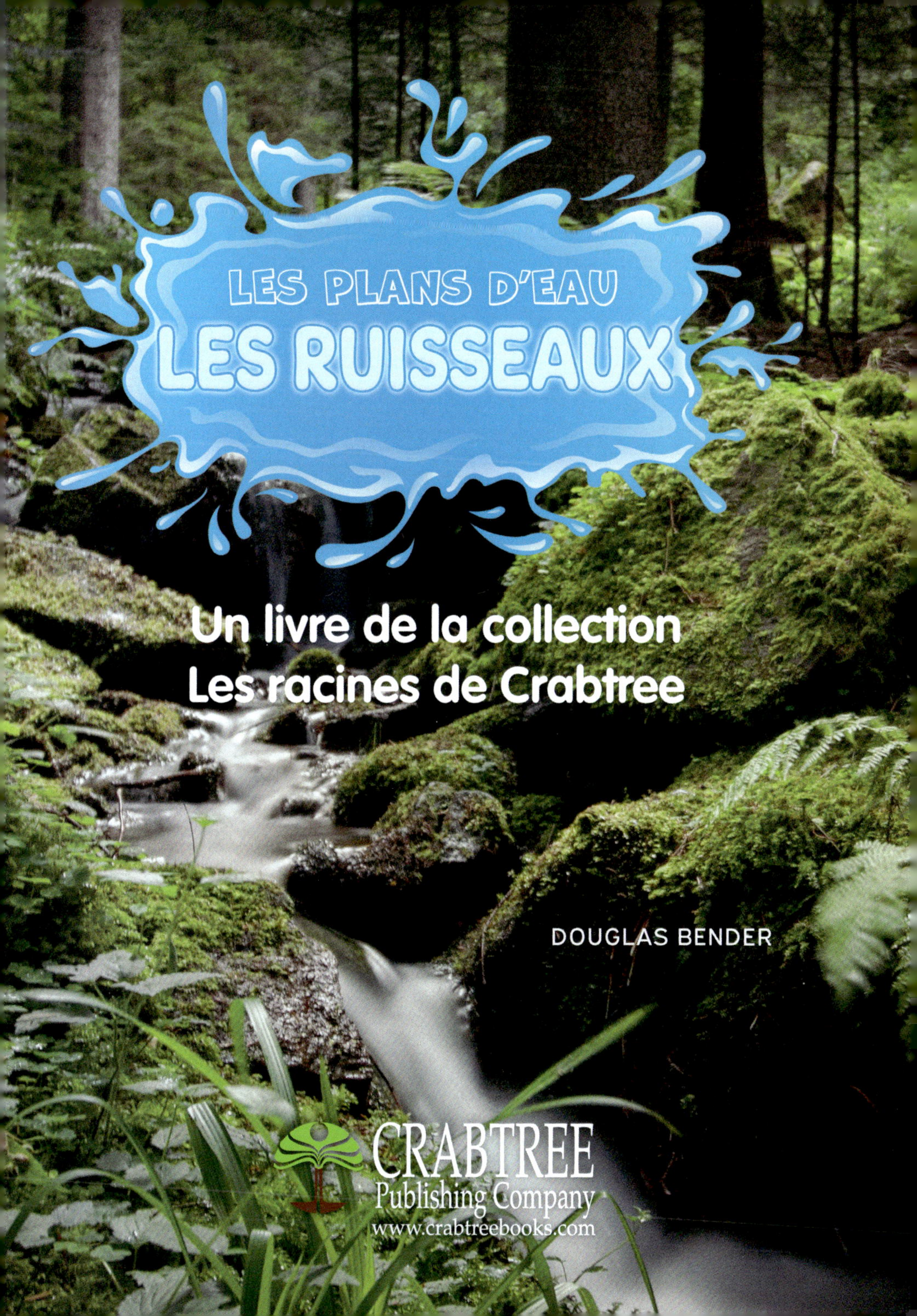
LES PLANS D'EAU
LES RUISSEAUX
Un livre de la collection
Les racines de Crabtree
DOUGLAS BENDER
CRABTREE
Publishing Company
www.crabtreebooks.com

Soutien de l'école à la maison pour les parents, les gardiens et les enseignants

Ce livre aide les enfants à se développer grâce à la pratique de la lecture. Voici quelques exemples de questions pour aider le lecteur ou la lectrice à développer ses capacités de compréhension. Les suggestions de réponses sont indiquées en rouge.

Avant la lecture

- De quoi ce livre parle-t-il?
  - *Je pense que ce livre parle des ruisseaux et explique à quoi ils ressemblent.*
  - *Je pense que ce livre explique comment les ruisseaux sont faits.*

- Qu'est-ce que je veux apprendre sur ce sujet?
  - *Je veux apprendre d'où viennent les ruisseaux.*
  - *Je veux savoir de quelle taille sont les ruisseaux.*

Pendant la lecture

- Je me demande pourquoi...
  - *Je me demande pourquoi je peux boire l'eau des ruisseaux.*
  - *Je me demande pourquoi la neige et la pluie forment des ruisseaux.*

- Qu'est-ce que j'ai appris jusqu'à présent?
  - *J'ai appris qu'il y a des rochers dans les ruisseaux.*
  - *J'ai appris que les ruisseaux sont de petits plans d'eau.*

Après la lecture

- Nomme quelques détails que tu as retenus.
  - *J'ai appris qu'on retrouve des ruisseaux à des endroits où il pleut ou neige.*
  - *J'ai appris que l'eau des ruisseaux déplace les rochers.*

- Lis le livre à nouveau et cherche les mots de vocabulaire.
  - *Je vois le mot* ***ruisseau*** *à la page 3 et le mot* ***rochers*** *à la page 7. Les autres mots de vocabulaire se trouvent à la page 14.*

Ceci est un **ruisseau**.

La plupart des ruisseaux sont petits.

Il y a beaucoup de **rochers** dans les ruisseaux.

Certains ruisseaux sont formés par la neige.

Certains ruisseaux sont formés par la pluie.

Tu peux **boire** l'eau
de plusieurs ruisseaux!

Liste de mots

Mots courants

boire	eau	peux
ceci	est	pluie
certains	formés	plusieurs
dans	il y a	sont
de	neige	un

La boîte à mots

boire

rochers

ruisseau

40 mots

Ceci est un **ruisseau**.

La plupart des ruisseaux sont petits.

Il y a beaucoup de **rochers** dans les ruisseaux.

Certains ruisseaux sont formés par la neige.

Certains ruisseaux sont formés par la pluie.

Tu peux **boire** l'eau de plusieurs ruisseaux!

Auteur : Douglas Bender
Conception : Rhea Wallace
Développement de la série : James Earley
Correctrice : Janine Deschenes
Conseils pédagogiques : Marie Lemke M.Ed.
Traduction : Annie Evearts
Coordinatrice à l'impression : Katherine Berti
Références photographiques : Shutterstock : irin-k : couverture; normaniac : p. 1; pillster : p. 3, 14; Gwoeii : p 5; Chase Clausen : p. 6, 14; Irina Boldina : p. 8-9; andreiuc88 : p. 11; Anton Watman : p. 13, 14

Crabtree Publishing Company
www.crabtreebooks.com 1-800-387-7650

Copyright © 2022 **CRABTREE PUBLISHING COMPANY**

Tous droits réservés. Aucune partie de cette publication ne doit être reproduite ou transmise sous aucune forme ni par aucun moyen, électronique, mécanique, par photocopie, enregistrement ou autrement, ou archivée dans un système de recherche documentaire, sans l'autorisation écrite de Crabtree Publishing Company. Au Canada : Nous reconnaissons l'appui financier du gouvernement du Canada par l'entremise du Fonds du livre du Canada pour nos activités de publication.

Publié aux États-Unis
Crabtree Publishing
347 Fifth Avenue
Suite 1402-145
New York, NY, 10016

Publié au Canada
Crabtree Publishing
616 Welland Ave.
St. Catharines, Ontario
L2M 5V6

Imprimé au Canada/082021/CPC

Catalogage avant publication de Bibliothèque et Archives Canada

Titre: Les ruisseaux / Douglas Bender ; texte français d'Annie Evearts.
Autres titres: Streams. Français.
Noms: Bender, Douglas, auteur.
Description: Mention de collection: Les plans d'eau | Les racines de Crabtree | Traduction de : Streams. | Comprend un index.
Identifiants: Canadiana (livre imprimé) 20210262826 | Canadiana (livre numérique) 20210262834 | ISBN 9781039603929 (couverture souple) | ISBN 9781039603981 (HTML) | ISBN 9781039604049 (EPUB) | ISBN 9781039604100 (livre numérique avec narration)
Vedettes-matière: RVM: Cours d'eau—Ouvrages pour la jeunesse. | RVMGF: Documents pour la jeunesse.
Classification: LCC GB1203.8 .B4614 2022 | CDD j551.48/3—dc23